Buscando oro

EDICIÓN PATHFINDER

Por Ruth Kassinger y Shirleyann Costigan

CONTENIDO

La fiebr

de

el oro

por
Ruth Kassinger

oro. La gente ha movido montañas para encontrarlo. Los ejércitos han conquistado países lejanos para controlarlo. Descubre cómo este brillante y reluciente metal ha moldeado la historia.

¡No toques eso! ¡Te volverá loco!

Bill Adair no hizo caso de la advertencia de su jefe. Tenía 19 años y era la primera noche de su nuevo trabajo en el museo. Abrió la caja polvorienta y tocó las delgadas capas de láminas de oro que había en el interior. Con ese solo contacto, contrajo la fiebre del oro. Cuarenta años más tarde, parece no haber cura a la vista.

Adair ha dedicado toda su actividad laboral al oro. Revistió de oro miles de marcos para cuadros. Se ha trepado a tejados para dorar las cúpulas de los edificios. Ha colocado láminas de oro en paredes y techos, e incluso en estatuas de caballos alados. ¿Qué le impulsa a hacer eso? La belleza deslumbrante del oro.

Nacido en la Tierra

El oro que le gusta tanto a Adair se formó en las profundidades de la Tierra miles de millones de años atrás. Los científicos creen que posiblemente los volcanes hayan calentado el agua subterránea, lo que fundió el oro. El oro líquido fluyó luego con el agua hacia las grietas presentes entre las rocas. El brillante metal amarillo se enfrió y endureció. En algunos lugares, las nuevas vetas de oro llegaron cerca de la superficie de la Tierra.

En la superficie, el agua en rápido movimiento desgastó las rocas de abajo. Con el tiempo, afloró una veta de oro, dejando al descubierto el tesoro. Diminutas pepitas de oro se soltaron y asentaron en el fondo del arroyo. Allí quedaron, esperando ser descubiertas. Y fueron descubiertas.

Hace alrededor de 5000 años, la gente encontró trocitos de bello oro en Egipto. No pasó mucho tiempo antes de que contrajeran la fiebre del oro. Desde entonces, el oro ha sido descubierto en diferentes épocas en todo el mundo. Con cada descubrimiento, la fiebre alcanza un pico. Y cada vez que sube la fiebre, el amor por el oro lleva a la gente a hacer casi cualquier cosa. Echemos un vistazo a algunos momentos dorados de la historia.

Dinero antiguo: *Esta moneda de oro tiene más de 2000 años de antigüedad. En una cara exhibe un carruaje.*

La fiebre se extiende

Egipto, 3000 a.C. Los faraones de Egipto se rodearon de oro. Gobernaban desde tronos dorados y revestían sus carros con oro. Utilizaban coronas y joyas de oro. Incluso enterraban las momias con máscaras de oro.

El apetito de los faraones por el oro creció y creció. Pronto, los pequeños trozos de oro fáciles de encontrar no fueron suficientes. Querían seguir las vetas de oro cada vez más profundamente en la Tierra.

La minería del oro era un trabajo peligroso. Los mineros utilizaban hogueras para agrietar las rocas. El calor era intenso. Humos venenosos llenaban el aire. Los túneles eran tan estrechos que los mineros tenían que yacer de espalda. Les caían rocas pequeñas encima. Las rocas grandes los aplastaban. Los faraones forzaron a los esclavos a hacer este trabajo riesgoso. A menudo, los esclavos eran capturados en la guerra y traídos de lugares lejanos para trabajar en las minas.

Egipto intercambiaba su oro por objetos valiosos de otros países. Del Líbano venían maderas finas. De Babilonia llegaban caballos. A lo largo de la Ruta de la Seda viajaron joyas y otros objetos de oro. Esta era una serie de rutas comerciales que se extendían desde Egipto hasta llegar a China. El oro era la única cosa que todo el mundo quería. Así fue como se propagaron el oro y la fiebre del oro.

Monedas de oro

Turquía, 560 a.C. El rey Creso gobernó la antigua Lidia, que ahora forma parte de la zona oeste de Turquía. Tuvo un papel importante en la propagación de la fiebre del oro. Se le ocurrió una nueva idea: **acuñar**, o fabricar, monedas de oro puro.

Las monedas facilitaron mucho las compras y las ventas. El oro era el metal perfecto para utilizar. Dura mucho tiempo. Es raro, de modo que vale mucho. Y para ser un metal, es blando. La gente podía moldear el oro dándole formas. Eso fue justamente lo que hizo Creso. Creó monedas que eran del mismo tamaño, peso y valor. Las monedas tenían estampadas en ellas un león y un toro.

Persia atacó a Lidia. Creso perdió su reino. Pero su idea del dinero dorado se extendió por todo el mundo, trayendo con ella la fiebre del oro.

Arte antiguo. *Bill Adair contrajo la fiebre del oro cuando era un adolescente. Ahora coloca láminas de oro en marcos de cuadros.*

Rostro famoso. *Esta máscara de oro fue encontrada en la momia del rey Tutankamón.*

Broche de oro. *Esta corona perteneció a una princesa nómada. Podía aplanarla para viajar rápido.*

Oro en las Américas

América del Sur, siglo XVI. En el siglo XVI, se corrió la voz en Europa sobre una antigua **ceremonia.** La historia era contada como sigue: *El rey de los muiscas brillaba tan intensamente como el Sol. Fino oro en polvo cubría su cuerpo. Se paraba en una balsa, con montones de oro brillante a sus pies. En el centro del lago, dejaba caer el oro al agua. Luego se zambullía para lavar el oro de su cuerpo. Esto complacía al dios de los muiscas.*

Los buscadores de oro se preguntaban: ¿Tendría una ciudad dorada el hombre de oro? La historia se propagó. Esta ciudad, pensaban, tenía las calles pavimentadas de oro. La llamaban El Dorado. La fiebre del oro volvió a atacar.

Como resultado, los exploradores españoles se apresuraron a ir a América del Sur. Buscaron la ciudad de El Dorado. No tuvieron suerte. Pero no todas fueron malas noticias, al menos para los exploradores. Descubrieron que muchas tribus sudamericanas tenían oro. Tenían joyas y arte con oro. Los exploradores querían ese oro a toda costa. Mataron o capturaron a muchos miles de personas solo para conseguirlo.

Atahualpa era un líder inca, conocido como el Rey Sol. En 1532, el buscador de oro español Francisco Pizarro encontró la ciudad del Rey Sol. Pizarro llegó con 300 soldados. El Rey Sol le dio la bienvenida a Pizarro y a sus hombres. Había música. Cuando Pizarro emitió una señal, los soldados dispararon sus armas de fuego. Mataron a 2000 hombres y capturaron al rey. Pizarro dijo que liberaría al rey a cambio de una habitación llena de oro. Pizarro obtuvo su oro. Sin embargo, no cumplió su promesa y mató al Rey Sol. Pizarro era capaz de hacer cualquier cosa por el oro.

California, 1848. En 1848, un hombre vio partículas de oro en un arroyo de California. "¡SE ENCONTRÓ UNA MINA DE ORO!" anunció un titular de periódico. Las pequeñas partículas cambiaron a los Estados Unidos para siempre. La fiebre del oro se apoderó del país.

Decenas de miles de estadounidenses dejaron todo y se dirigieron al Oeste en busca de fortuna. Abandonaron a sus familias. Movieron las rocas, cavaron en el lodo y vadearon en corrientes heladas. Algunos se lastimaron o enfermaron. Otros tuvieron suerte y encontraron oro. Los buscadores de oro siguieron llegando, con la esperanza de que serían los siguientes en hacerse ricos.

El oro controla el mundo

En todo el mundo, 2009. Hoy en día, encontrar oro es más difícil que nunca. En la mayoría de las minas, los trabajadores encuentran partículas de oro tan pequeñas que cuarenta de ellas podrían caber en el punto final de esta frase. Los mineros tienen que excavar hasta 30 toneladas de roca solo para encontrar el oro suficiente para un anillo. La minería ha dejado profundas heridas en la Tierra. ¡Los agujeros son tan grandes, que pueden verse desde el espacio! En 1990, se descubrió oro en un volcán de una isla de Indonesia. Ahora, el volcán ha desaparecido. Los mineros lo desmontaron, roca por roca.

El trabajo en una mina de oro todavía puede ser mortal, tal como lo era para los esclavos egipcios. Hoy en día, muchos mineros utilizan un líquido peligroso denominado mercurio para separar el oro de la roca. El mercurio puede envenenar a la gente y contaminar el medio ambiente.

Aun así, el deseo por el oro sigue creciendo. ¡En 2007, la gente de todo el mundo compró 2500 toneladas (5 millones de libras) de joyas de oro!

En la actualidad, el oro es buscado no sólo por su belleza resplandeciente. Se utiliza en las computadoras, los teléfonos celulares y telescopios. Los astronautas utilizan **viseras** recubiertas con una fina capa de oro. Así se protegen de los rayos del Sol. Los médicos están investigando maneras de usar el oro para combatir el cáncer.

Los antiguos egipcios nunca podrían haber soñado con utilizar el oro de esta manera. Muchos años separan a los faraones de los mineros, científicos y artistas de la actualidad, tales como Bill Adair. Sin embargo, todos ellos tienen una cosa en común: la fiebre del oro.

vocabulario

acuñar: producir o fabricar monedas

ceremonia: acciones y palabras especiales empleadas para celebrar un acontecimiento importante

veta: estrecha capa de mineral que se forma en la grieta de una roca

visera: escudo en la parte delantera de un casco, que protege la cara

Tesoro enterrado. *Estos brazos revestidos de oro fueron encontrados en una necrópolis de Perú. En la actualidad, Perú es uno de los mayores productores mundiales de oro.*

El dios dorado. *Los incas decían que el oro era "el sudor del Sol". Utilizaron oro para hacer este dios Sol.*

Protección contra el Sol. *Este es un modelo de casco de un astronauta. Una delgada capa de oro protege al astronauta de los rayos del Sol.*

Fabricado con ORO

Brilla. Reluce. Ha deslumbrado a la gente durante miles de años. ¿Pero por qué es el oro realmente tan valioso? Por un lado, es fuerte y dura mucho tiempo. El oro también es sumamente maleable. Y el oro es escaso. En toda la historia, solo se han extraído 161.000 toneladas de oro. Eso es lo que puede caber en solo dos piscinas grandes. ¡Con razón la gente lo encuentra tan especial!

A pesar de que el oro se está volviendo más difícil de encontrar, la gente está descubriendo nuevas maneras de utilizarlo. Estas son algunas de las cosas que ahora se hacen de oro.

COMPONENTES ELECTRÓNICOS

El oro es buen transmisor del calor y de la electricidad. Por esta razón, se lo utiliza a menudo dentro de los dispositivos electrónicos y las computadoras. Los cables de oro presentes dentro de muchas placas de circuitos tienen aproximadamente el tamaño de un cabello humano.

JOYERÍA

¿Te dijo alguien alguna vez que una pieza de joyería estaba hecha de "oro puro"? Si lo hicieron, probablemente estaban mal informados. Eso se debe a que el oro en su estado más puro es considerado demasiado blando para fabricar joyas. En la actualidad, la mayoría de los joyeros mezclan metales más duros con el oro. De esa manera los anillos y

TECNOLOGÍA ESPACIAL

El oro no se degrada fácilmente, por lo que es valioso para su empleo en las naves espaciales. Cerca de 41 kilogramos (90 libras) de oro se utilizaron en el transbordador espacial Columbia de los EE.UU., que se muestra aquí.

ODONTOLOGÍA

El oro es un metal, pero es relativamente blando. De modo que puede moldearse de manera que calce en los dientes. La gente ha utilizado oro en los dientes durante miles de años. Aquí se coloca una corona de oro sobre un molde. Más tarde se fijará a un diente real.

CÓMO SE USA EL ORO

(en toneladas para 2008)

| COMPRA Y VENTA DE ORO PARA GANAR DINERO (1183.4) | ODONTOLOGÍA (55.9) | OTROS USOS INDUSTRIALES (86.9) | COMPONENTES ELECTRÓNICOS (292.7) | JOYERÍA (2186.7) |

Tesoro de

por Shirleyann Costigan

En el pasado, los pioneros vinieron al Valle de la Muerte de California en busca de oro. Ahora que no hay más oro, la gente está encontrando otro tipo de tesoro aquí. ¡Y está por todas partes!

l desierto

Pasado y presente. Una recua de veinte mulas transporta bórax en el Valle de la Muerte (parte superior). La Luna se eleva sobre las coloridas rocas de Zabriskie Point (abajo).

El Valle de la Muerte

merece su nombre. Es una tierra de salinas quemada por el Sol, con agua no potable y arena ardiente. Es un lugar siniestro donde la gente se pierde y nunca se vuelve a saber de ella. El valle es el corazón ardiente de un desierto mucho más grande llamado el Mojave.

Este lugar árido es la región más caliente y seca de América del Norte. Las temperaturas del verano pueden ascender a más de 49°C (120 °F). El valle recibe menos de cinco centímetros (dos pulgadas) de lluvia por año. Algunos años no llueve en absoluto.

Tal vez te parezca que nadie logra sobrevivir aquí. Sin embargo, la gente ha vivido en este valle durante miles de años. Conozcamos a algunas de estas personas y exploremos sus historias.

Un hogar en el calor

El Valle de la Muerte no siempre ha sido un desierto. Alguna vez fue un lago. El clima era mucho más húmedo. El terreno circundante estaba lleno de vida.

Cuando llegaron los primeros amerindios, el valle era todavía un lago. Eso fue hace aproximadamente 10.000 años. Alrededor de 1000 años atrás llegaron al valle los ancestros de los miembros actuales de los timbisha shoshone. Con el tiempo, el clima cambió. Las temperaturas aumentaron. Cayó menos lluvia. El lago se secó. Solo quedaron en las colinas, montañas y el valle unos pocos manantiales de agua dulce.

Los timbisha se adaptaron a medida que el Valle de la Muerte se hizo más cálido y seco. Mudaron sus aldeas cerca de los manantiales. Aprendieron a sobrevivir con lo que pudieran encontrar en el desierto.

Las liebres, codornices y los borregos cimarrones les proveyeron carne. La gente aprendió a moler las vainas de los árboles de mezquite y hacer con ellas pequeños pasteles para comer. Las ramas y los trozos pequeños de leña se convirtieron en las paredes y techos de casas abiertas y ventiladas.

Durante la estación más cálida, los timbisha se trasladaban a las montañas. Allí, el clima era más fresco. El resto del año, sin embargo, vivían en el valle. Los timbisha vivieron esta vida inmutable durante siglos. Respetaban el desierto y se preocupaban por él. Luego, en 1849, llegaron pioneros del Este.

Los pioneros extraviados

Este primer grupo de pioneros se extravió. Estaban tratando de encontrar un acceso directo a los yacimientos de oro de California. Ya habían pasado dos meses cruzando un desierto en Nevada. Sus carretas estaban estropeadas. Estaban a punto de perecer de hambre.

La víspera de Navidad, encontraron un arroyo cerca de los asentamientos de los timbisha. Allí acamparon y hablaron de lo que debían hacer. Uno de los pioneros, William Lewis Manly, escribió sobre esa experiencia.

"Todos nos sentíamos muy desanimados. Las provisiones que trajimos se fueron haciendo tan escasas que las que quedaban se guardaban para las mujeres y los niños, y los hombres debían arreglárselas de alguna manera solo con carne de buey. Se decidió que ni siquiera una pizca de algo que pudiera sostener la vida debía desperdiciarse. La sangre, la piel y los intestinos se preparaban todos de alguna manera para utilizarlos como comida".

"Esa reunión se prolongó hasta altas horas de la noche. Si alguno de ellos hubiera perdido la razón, yo no me hubiera sorprendido, porque el hambre se devora todos los demás sentimientos. Un hombre extremadamente hambriento se convierte en un salvaje".

Vista del Valle

Eureka Dunes

The Racetrack

MESQUITE FLAT

VALLE DE LA MUERTE

CADENA MONTAÑOSA PANAMINT

DESIERTO DE MOJAVE

Zabriskie Point

Artists Palette

Badwater Basin

NEVADA

CALIFORNIA

SIERRA NEVADA

NEVADA

PARQUE NACIONAL DEL VALLE DE LA MUERTE

CALIFORNIA

0 mi   20
0 km   20
MAPAS DE NGM

DESIERTO DE MOJAVE

Una larga caminata

Los pioneros decidieron dividirse en varios grupos.
Cada uno tenía su propio plan. El grupo de Manly
comenzó una larga caminata hacia las montañas.

El grupo se enfrentó con nuevas dificultades.
Como había poco espacio para que pastaran los
bueyes, los animales se debilitaron. Por esa razón,
ya no pudieron tirar de las carretas de los pioneros.

Los pioneros no tuvieron otra opción: Dejaron
las carretas detrás. Mataron a varios bueyes para
alimentarse. Finalmente, los pioneros atravesaron
la Cordillera de Panamint. Pudieron atravesar el
Valle de la Muerte.

Las llanuras planas y secas del Mojave fueron
la peor parte de su travesía. Por suerte, había
sido un invierno húmedo. Los charcos de nieve
derretida y hielo les proporcionaron agua. Sin
eso, todos ellos hubieran muerto. "Dentro de
nuestra desgracia fuimos afortunados", escribió
Manly. Sorprendentemente, todo el grupo
sobrevivió a la ardua travesía por el Mojave.

Uno se imaginaría que la experiencia de los
pioneros habría disuadido a otra gente de venir.
Pero no fue así. Los que los siguieron vinieron
solo con mulas y picos. Ellos también estaban
buscando oro.

Alimento de cuatro patas.
*Los amerindios cazaban borregos
cimarrones y los pintaban en las rocas.*

El valle de la sed *Desde Zabriskie Point
se puede observar el duro paisaje que debió
enfrentar la gente en el Valle de la Muerte.*

13

Los cazadores de fortunas

Debajo del Valle de la Muerte había valiosos minerales. Entre ellos, tesoros de oro y plata. Cuando los mineros abandonaron los campos de oro en otras partes de California, muchos de ellos vinieron al desierto.

La mayoría de los asentamientos mineros siguieron el mismo patrón predecible. Primero venían los prospectores. Buscaban depósitos de oro. Cuando descubrían alguno, lo reclamaban para sí. Luego ya sea trabajaban la **veta** ellos mismos o la vendían.

Se corrió la voz del hallazgo: ¡Oro! ¡Oro! Llegaron más prospectores. Los mineros pululaban por la región. Establecieron campamentos mineros. Pronto los campamentos se convirtieron en pueblos. Vino más gente. Construyeron bancos, hospitales, restaurantes, hoteles y una cárcel. Los pueblos se convirtieron en ciudades.

Todas las actividades de un pueblo minero dependían de la mina local. Tarde o temprano, sin embargo, todo se extinguía. Ya no había más oro. Todo el mundo se iba. El lugar se convertía en un pueblo fantasma. Todo había terminado.

Este patrón se repitió muchas veces en el Valle de la Muerte. A fines del siglo XIX y a principios del siglo XX, aparecieron pueblos mineros por todas partes. Tenían nombres pintorescos tales como Bullfrog, Skidoo, Ballarat, y Rhyolite.

Recuas de veinte mulas

Los mineros arribaron al Valle de la Muerte no solo por el oro. Algunos vinieron para explotar cierto tipo de sal. La gente utilizaba esta sal para fabricar una sustancia llamada bórax. Se utilizaba para fabricar vidrio, cerámica y productos de limpieza.

En la década de 1880, la minería de las sales de bórax se convirtió en un gran negocio. También se convirtió en un gran desafío. El transporte de enormes cargas de bórax por el valle no era sencillo.

William T. Coleman solucionó el problema. Utilizó recuas de veinte mulas para transportar el bórax desde su fábrica en el Valle de la Muerte hasta la línea del ferrocarril. En realidad, eran dieciocho mulas y dos caballos. (La gente tiende a olvidarse de los caballos.) Cada recua tiraba de dos carretas completas, además de un tanque de agua. ¡Imagínate transportar esa carga enorme a través de un desierto abrasador!

Un trabajo duro

Entre 1883 y 1889, las recuas de mulas transportaron más de 9 millones de kilogramos (20 millones de libras) de bórax por el valle. La ruta recorría 265 kilómetros (165 millas) en el Valle de la Muerte. Un viaje de ida y vuelta demoraba veinte días. Era una dura travesía, tanto para las mulas como para los hombres que las conducían.

Conducir una recua de veinte mulas requería talento y valor. Un paso en falso, y la recua podía estrellar los carros contra una montaña o hacerlos caer por un barranco. El arriero hacía restallar un largo látigo para llamar la atención de las mulas. Pero mayormente utilizaba sólo su voz.

Un buen arriero no gritaba, sin embargo. Al menos así es como lo recordó Tex Ewell. Solo los malos arrieros alzaban sus voces. Ewell dice que cuando un arriero experto hablaba, "una mula sabía que este hablaba en serio" y obedecía.

El Valle de la Muerte en la actualidad

En la actualidad, el Valle de la Muerte es un parque nacional. Es el mayor parque nacional de los EE.UU. fuera de Alaska. Tiene muchas atracciones turísticas.

Algunos de los sitios naturales favoritos incluyen Badwater Basin, las espectaculares dunas de Eureka y la arcilla con los colores del arco iris de Artists Palette. Estos lugares nunca cambian.

Bueno, casi nunca. En un lugar llamado Racetrack (pista de carreras), las rocas se desplazan de un lado al otro misteriosamente. Abren grandes surcos en el lodo. Nadie lo ha visto pasar, de modo que lo que sucede exactamente es un enigma.

Todo lo que queda de los días de la minería son pueblos fantasmas y tumbas. Durante todo este tiempo, los timbisha shoshone han continuado viviendo aquí. Este valle es todavía su hogar permanente. Para ellos, es un valle de vida.

Un don para el oro. *Shorty Harris, retratado a la derecha, fue el buscador de oro más famoso del Valle de la Muerte. Hizo un gran descubrimiento en 1904.*

Parque apreciado. *El Valle de la Muerte alguna vez atrajo a los mineros. Actualmente, atrae a casi un millón de turistas por año.*

Palabras nuevas

mineral: sustancia explotada en una mina por su valor

pionero: una de las primeras personas que se trasladan a un lugar nuevo

prospector: persona que busca oro u otro material valioso en un lugar

descubrir: encontrar de algo valioso

La búsqueda de oro

Es hora de excavar más profundo para descubrir lo que has aprendido sobre la búsqueda de oro.

1 Imagina la formación del oro. ¿Por qué la gente suele encontrar oro en los arroyos?

2 ¿Cómo afectó la "fiebre del oro" a América del Sur? ¿Cómo afectó a los Estados Unidos?

3 ¿De qué manera cambió la "fiebre del oro" la historia del Valle de la Muerte?

4 ¿Por qué visita la gente el Valle de la Muerte hoy en día? ¿Qué tesoros encuentran allí?

5 ¿Por qué crees que la gente valora tanto el oro?